AF227296

LA
FEMME DE CÉSAR

BIOGRAPHIE

d'Eugénie KIRPATRICK THÉBA DE MONTIJO

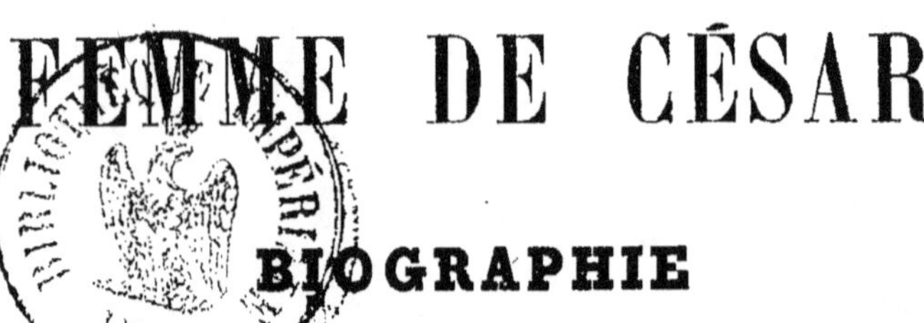

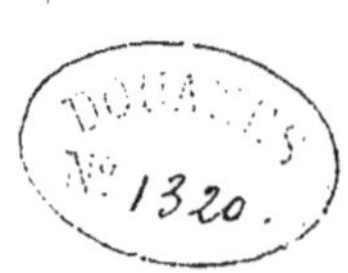

IMPÉRATRICE DES FRANÇAIS

LONDRES

LIBRAIRIE ET AGENCE DE L'IMPRIMERIE UNIVERSELLE

—

1865

LA FEMME DE CÉSAR

BIOGRAPHIE

D'EUGÉNIE KIRPATRICK THÉBA DE MONTIJO

IMPÉRATRICE DES FRANÇAIS

SOMMAIRE. — Haute origine d'Eugénie de Montijo. — Son grand père, l'épicier Kirpatrick. — Mademoiselle Kirpatrick, sa mère, épouse le comte Théba de Montijo, officier d'artillerie. Son infirmité, sa laideur, sa bêtise. — Nombreux amants de Mme la comtesse de Montijo — Ses deux filles. — La duchesse d'Albe. — Eugénie de Montijo. — Lord Clarendon, père de la seconde. — Eugénie devient camérière d'Isabelle II. — Elle est rivale de sa sœur. — Elle s'empoisonne par jalousie. — On la guérit. — Son goût pour les courses de taureaux. — Elle couronne le vainqueur. — Ses passions pour les toréadors. — Elle en a plusieurs pour amants. — Elle brode à l'un d'eux un manteau pourpre et or. — Ses amours avec trois princes d'Orl.... — Ses rendez-vous galants au musée de Madrid avec le duc d'Au...... — Elle le quitte pour le prince de J...., frère du précédent, qui fait son portrait. — Elle pose devant lui toute nue. — Le duc de M...., frère des deux autres, leur succède. — Ses promenades équestres avec lui. — Leurs amours. — Elle a aussi des bontés pour Narvaez. — Le marquis d'Alcanirez, ami de sa sœur, devient son amant. — Il devait l'épouser. — Il l'abandonne après s'être assuré qu'elle n'est pas vierge. — Second épouseur, Olympio Aguado, qui l'abandonne pour le même motif. — Son désespoir. — Elle veut s'empoisonner une seconde fois. — Elle quitte l'Espagne. — Son arrivée à Spa avec sa mère et son cousin, duc d'Ossuna et l'infantado comte duc de Bénévente. — Leurs promenades solitaires dans la vallée de l'Emblève. — Leurs doux ébats sur un banc de mousse. — Son beau cousin refuse de l'épouser et l'abandonne. Eugénie promet à sa mère d'être plus prudente à l'avenir, et de ne plus céder à ses futurs avant le mariage. — Eugénie va à Paris. Elle est la maîtresse de Rod..... — Elle assiste aux chasses de Compiègne. L. Bonaparte en devient amoureux. — Son amour pour le jeune Camerata. — Elle résiste à Napoléon — Elle devient impératrice. — Sa fausse couche. — Mort tragique du prince Camerata. — L'actrice Marthe devient folle. — Naissance du prince impérial. — Maladie crépitante de la Montijo. Mlles de Montalan et Emma de Livry. — Eugénie, délaissée, devient bigote. — Son voyage en Ecosse. — Son retour. Sa dernière consolation. — Fin.

La belle Eugénie Théba de Montijo descend d'un vieil épicier de Malaga, nommé Kirpatrick. Cet honorable marchand de denrées coloniales eut quatre filles ; la plus jolie d'entre elles montra, dès sa plus tendre jeunesse, le goût le plus prononcé pour les aventures galantes. La nature l'avait assez bien douée, aussi, comme toute femme coquette, se promit-elle de tirer un parti avantageux de ses charmes et d'engluer le premier étourneau qui s'y laisserait prendre.

Le galant dieu d'amour sur l'autel duquel elle faisait de nombreux sacrifices, et à qui elle prodiguait l'encens, ne resta pas sourd aux ardentes prières de sa prêtresse dévouée. Il exauça ses vœux et lui envoya le mari tant désiré dans la personne disgracieuse du comte Théba de Montijo, ex-officier d'artillerie. Ce pauvre hère n'avait, comme on dit vulgairement, ni sou ni maille; il était, en outre, borgne, une explosion d'artillerie lui avait crevé l'œil droit, qu'il avait recouvert d'un énorme bandeau noir, ce qui lui donnait l'aspect le plus repoussant; il était aussi bête que laid, son aspect inspirait à la fois le dégoût et la pitié. Mais peu importait, il était comte et pouvait passer à l'état de mari complaisant et bienheureux; c'étaient là les seules qualités requises par la belle et ambitieuse Kirpatrick, à qui il suffisait de devenir Madame la comtesse et d'avoir un époux, quelque affreux qu'il fût, se promettant bien d'avance de se dédommager amplement dans les bras de ses nombreux amants, et d'oublier auprès d'eux la laideur et la bêtise de son affreux mari.

A peine les doux liens de l'hyménée eurent-ils uni ces deux tendres amants, à peine l'heureux époux eut-il commencé à jouir des charmes pour lesquels il soupirait avec tant d'ardeur, que sa volage épouse s'échappa du lit nuptial pour voler à de nouvelles amours, sans garder aucune retenue. N'était-elle pas mariée? A quoi servirait un mari sot et laid, si ce n'était à donner la faculté de posséder de nombreux amants? Aussi ses adorateurs purent-ils jouir, dès lors, d'un bonheur sans obstacle, et s'en donnèrent-ils à cœur joie avec leur belle maîtresse.

De ces nombreuses galanteries naquirent deux filles; mais il serait bien difficile de déterminer la paternité de l'aînée, tant était grand le nombre des heureux que faisait notre séduisante comtesse; autant vaudrait avoir la prétention de deviner, quand on plonge la main dans une fourmilière, quel est celui des innombrables insectes qui la peuplent qui vous a mordu.

Cependant, malgré ce grave inconvénient, la paternité d'Eugénie, sa seconde fille, fut attribuée, par la chronique scandaleuse, à lord Clarendon, amant en titre de la comtesse Théba de Montijo. Cette femme éhontée était douée d'une nature heureusement assez rare; véritable messaline, elle était digne en tous points de fournir des sujets aux Césars dégradés du nouveau Bas-Empire.

Ses aventures scandaleuses sont, en Espagne, de notoriété publique.

Nous serions entraîné trop loin si nous voulions raconter ici toute la vie scandaleuse de Mme la comtesse Théba, mère de notre héroïne.

Mme la comtesse de Théba, grâce à la prodigalité de ses nombreux entreteneurs, menait, lorsqu'elle était à Madrid, assez grand train, et avait maison montée; elle dut à l'influence de ses nombreuses relations de faire admettre dans la haute domesticité de la cour d'Espagne ses deux filles, qui furent placées auprès d'Isabelle II en qualité de camérières.

Leur jeunesse et leur beauté attirèrent dans les salons de leur mère de nombreux adorateurs, parmi lesquels le duc d'Albe était un des plus assidus. Ce gentilhomme affichait pour les deux sœurs un culte égal. Chacune d'elles avait une part semblable à ses soins, à ses hommages et à son adoration; il leur était impossible de distinguer, dans l'empressement qu'il leur témoignait, la moindre préférence pour l'une d'elles. Ces deux sœurs s'efforçaient inutilement de mériter par leurs prévenances et leurs faveurs le choix de l'aimable duc, qu'elles aimaient toutes deux éperdûment.

Mme Théba, qui s'était aperçue de la passion croissante de ses deux filles et de la conduite équivoque de leur adorateur, s'en expliqua ouvertement avec lui, et, en femme avisée, le somma de se prononcer sans plus tarder, lui disant qu'il abusait de l'accueil bienveillant qu'il recevait chez elle, de la confiance qu'elle avait en lui, de la jeunesse et de l'inexpérience de ses deux filles; que différer plus longtemps de se prononcer serait de sa part le comble de l'indélicatesse et de la déloyauté, et en tout point indigne d'un galant homme, etc... Le duc, pressé de près, promit de faire un choix, et de demander le lendemain, au bal de la cour, la main de l'une des demoiselles. La maman Montijo raconta le même jour à ses deux filles sa conversation avec le duc d'Albe. Peindre l'impatience, l'anxiété avec laquelle Mesdemoiselles de Montijo attendirent le lendemain serait chose impossible; elles passèrent, en y songeant, une longue nuit d'incertitude et d'insomnie. Quelle serait l'heureuse fiancée du lendemain, l'élue qui serait bientôt la duchesse d'Albe? Les heures leur semblaient des siècles, la nuit une éternité. Le matin, les traces de l'insomnie se lisaient sur leurs visages pâles et leurs yeux fatigués; elles employèrent la journée, qui leur parut aussi bien longue, à faire leur toilette de bal, à user de ces mille artifices de femme qui rehaussent leur beauté et leur donnent plus de fraîcheur, plus d'éclat. C'est le cœur palpitant à la fois d'espérance et de crainte qu'elles allèrent au bal, accompagnées de leur mère; à leur entrée elles cherchèrent le duc du regard ; dès qu'il les aperçut, il s'avança à leur rencontre et demanda à Mme de Montijo la main de sa fille aînée.

Un nuage passa alors sur les yeux d'Eugénie, elle porta la main sur son cœur, chancela, s'appuya un instant sur le bras de sa mère et sortit peu après. Quand on s'aperçut de sa disparition, on la chercha d'abord inutilement dans les salons et dans les jardins du palais : on la découvrit enfin dans sa chambre, étendue sur son lit, pâle, froide, inanimée, ne donnant plus aucun signe de vie ; près d'elle était un flacon de poison dont elle avait bu le contenu. L'alarme fut aussitôt donnée ; un médecin qui survint lui administra un contre-poison qui, heureusement, la rappela à la vie ; après une longue et dangereuse maladie elle se guérit enfin, mais il lui est toujours resté, de cette cruelle catastrophe, une agitation fébrile, un tremblement nerveux qu'elle a encore aujourd'hui.

Ce premier amour déçu a profondément ulcéré son cœur et répandu sur sa vie le désenchantement et la désillusion qui se voient encore aujourd'hui sur son visage, et lui donnent ce cachet d'indifférence et de lassitude qui s'y lisent presque toujours.

Depuis cette époque fatale, Mademoiselle Eugénie de Montijo a cherché dans les aventures galantes, dans les scènes romantiques ou tragiques, dans les projets de grandeur ou d'ambition, des aliments à sa passion mal éteinte.

Les courses, les combats de taureaux, les émotions des arènes et du cirque lui offrirent d'abord de nombreuses distractions.

Aussi manquait-elle peu de ces combats à Madrid. Elle se plaçait ordinairement en face du *toril*, parmi les vrais amateurs de la *tauromaquia*. Son théâtre, à elle, sa loge d'opéra, c'est le cirque sanglant, l'arène pantelante, où le taureau furieux, arc-bouté sur ses puissants jarrets, la lèvre écumante, l'œil en feu, les naseaux fumants, le poil hérissé, la croupe bondissante, battant de sa queue ses larges flancs ruisselants de sueur et de sang, la tête en avant, le front terrible et menaçant, armé de cornes redoutables, rugit et bondit impétueux au milieu des dards qui l'aiguillonnent, et des cris de la foule, sur ses imprudents adversaires, renversant, brisant tous les obstacles, enfonçant ses cornes aiguës dans la poitrine des malheureux *chulos* et des *piccadores*, qu'il foule à ses pieds, inondant l'arène de débris sanglants, de lambeaux déchirés ; puis, cherchant du regard sanglant l'héroïque toréa-

dor, qui, impassible, l'attend armé de sa lance, il s'élance sur
lui plein de rage et de fureur, mugissant sous les blessures
meurtrières que lui fait un fer aigu et acéré.

Il faut voir alors l'enthousiasme de la belle Eugénie poussé
à son paroxisme, avec quelle ardeur elle se passionne pour les
combattants, homme et bête ; debout sur son gradin, elle
attend, haletante de plaisir et d'anxiété, l'issue de cette lutte
terrible, de ce drame sanglant. On voit alors son œil, ordinairement inanimé, briller du plus vif éclat, son teint se co-
lorer du plus vif incarnat, son sein battre avec force, sa poitrine se dilater, sa bouche se contracter, ses lèvres frémissantes rougir et pâlir tour à tour ; tout son être frémit de bonheur, puis bientôt, haletante, rendue, elle retombe sur son
banc en se pâmant d'émotion.

Quand un beau tauréador est vainqueur, elle lui décerne, de
sa main, le prix de la lutte, qu'elle accompagne toujours du
plus amoureux sourire et du plus tendre regard.

Si, au contraire, le taureeu est vainqueur, nouvelle Eu-
rope, elle désire les caresses lascives du robuste animal, dont
Jupiter prit la forme pour séduire la fille d'Agénor.

Au cirque de la *Puerta del Sol*, à l'abri de tout danger, elle
rayonne, bondit et jouit de plaisir : ses acteurs favoris, ses
Roger, ses Talma sont le toréador Pehillo, mort sur le champ
du combat en *taurisant* devant le roi, et le manchego matador
Miguel, assassiné sur le Prado par sa jalouse maîtresse Dona
Thérésa, duchesse d'Albe, parente de notre héroïne, qui,
pour suivre les traditions de famille, prit aussi plusieurs toréadors pour amants. Elle broda elle-même de ses blanches
mains un manteau pourpre et or pour un de ses favoris du
cirque ; mais, hélas ! ce présent, digne d'un roi, ne lui porta
pas bonheur, l'infortuné est mort dans un combat peu de
temps après l'avoir reçu. Quel dommage qu'il n'ait pas rendu,
avant de mourir, ce présent à sa belle maîtresse, qui pourrait
aujourd'hui le donner à son impérial époux.

Mais, hélas ! les amours du cirque elles-mêmes, quelque
vives qu'elles soient, n'ont qu'un temps, elles s'émoussent
aussi, la fatigue et la satiété les suivent bientôt ; pour se re-
poser de leurs âcres et corrosives ardeurs, la Montijo chercha à filer le parfait amour avec quelques beaux seigneurs,
gens de cour aux belles manières, au langage fleuri, aux pro-
pos galants et mignons. L'amour du contraste la poussa d'a-
bord dans les bras du duc d'A... On a vu souvent notre co-
quetta espagnole tendrement appuyée au bras de ce galant

cavalier, se diriger furtivement avec lui dans les rues de Madrid, du côté du Musée, où le couple amoureux allait faire une visite matinale à l'heure où les salons de sculpture et de peinture étaient encore déserts et s'ouvraient pour lui seul. Le galant prince expliquait à sa séduisante compagne les beautés plastiques des belles nudités représentées sur la toile ou sculptées dans le marbre. Le jeune couple allumait ses sens à la contemplotion d'une Vénus de Milo, d'un Apollon, d'une Diane, d'une Galathée ou des Trois Grâces, dont les formes adorables excitaient dans leurs âmes mille troubles et mille ardeurs.

La vue d'une chaste Suzanne au bain, d'une Bacchante en fureur, d'une Puthiphar impudique, à l'œil brillant de luxure, étalant ses charmes secrets pour séduire l'innocent et trop pudique Joseph, augmentait leur trouble et leur ivresse. Quel sot garcon ! peut-on ainsi refuser le bonheur, disait la tendre Eugénie, en lançant une œillade voluptueuse et provocatrice à son jeune cavalier. — O mon ange ! répondait le prince, laisse-moi t'adorer et ne pas jouer plus longtemps le rôle du chaste Joseph. Viens, fuyons ce tableau ridicule, contemplons plutôt ces nymphes toutes nues, tremblant dans les bras de ces faunes velus ; vois comme elles sont belles, comme la pudeur et l'amour rayónnent dans leurs regards ; vois comme leurs cyniques satyres sont heureux, comme ils pressent voluptueusement leurs bouches avides sur celles de ces beautés sauvages, comme ils profanent de leurs mains luxurieuses leurs gorges palpitantes, comme leurs flancs brûlants pressent amoureusement ceux des nymphes éplorées, comme ils polluent tous ces trésors d'amour, comme ils s'enivrent de luxure et de viol ! Quelle volupté ! quel délire ! O viens, mon âme ! viens sur ce mœlleux canapé, qui nous convie au plaisir dans cet obscur salon, devant ces témoins muets de marbre et de toile, dans ce temple des arts et de la baauté ; viens avec moi goûter le bonheur. Imitons les faunes et les nymphes ; aimons-nous : sois à moi toute entière ; écartons ces voiles jaloux qui me cachent tes formes adorées, tes beautés cachées ; laisse-les moi couvrir de mes baisers de feu ; donne-moi ta bouche humide d'amour, ta gorge d'albâtre, ton sein de rose et de lys, ta taille adorable et tous ces charmes secrets dont la vue seule me transporte au ciel. Ah ! laisse-les moi baiser à genoux ; abandonne-moi toute ta divine personne, enlacés l'un à l'autre, pâmons-nous de plaisir et mourons, s'il se peut, de volupté. L'amoureuse Eugénie répondait par d'ardents baisers à ceux de son amant, et bientôt de tendres soupirs succédaient à ce doux langage et troublaient seuls les échos du palais désert.

Le prince de J... ne fut pas moins heureux que son frère avec la belle Montijo : ce fut aussi le culte des beaux-arts qui fut le prétexte des faveurs qu'elle daigna lui accorder; elle eut pour lui des bontés infinies; elle poussa la complaisance jusqu'à poser toute nue devant le prince, qui fit son portrait en costume antique, vêtue d'une simple feuille de vigne, que l'artiste amoureux arrachait plusieurs fois dans chaque séance pour mieux étudier les formes de sa Vénus. Elle se conformait ainsi sans doute à une tradition de la famille impériale, car on sait que Pauline Bonaparte posa aussi toute nue devant le sculpteur Canova, qui fit sa statue. ·

Par un de ces caprices de femme, dont notre Espagnole seule était capable, elle résolut d'accorder aussi ses faveurs au plus jeune frère des deux princes d'Orléans, dont nous venons de parler, de manière à ce que les trois frères eussent une part égale à ses galanteries et sans doute pour ne pas faire de jaloux.

Pour varier ses plaisirs, elle résolut de goûter, avec le jeune duc de M..., qui depuis a épousé une princesse espagnole, le charme des promenades équestres. Elle est du reste habile écuyère, elle monte à cru comme un palefrenier ; elle a la passion des chevaux poussée à un tel degré, qu'un de ses compatriotes, qui la connaissait beaucoup, disait, en parlant d'elle : « Eugénie fera bientôt, comme feue la duchesse de Lude, sa toilette dans les écuries. »

Elle a toujours eu un goût très prononcé pour les exercices d'homme; elle est aussi forte à l'école de natation qu'à celle d'équitation ; elle nage supérieurement *à la religieuse ;* elle a des goûts espagnols et des inclinations masculines ; elle manie mieux le poignard que l'éventail, elle s'habille souvent en homme; elle endosse avec une parfaite aisance les costumes de cavalerie, fume la cigarette et le cigare, porte éperons et cravache, etc. Elle est aujourd'hui colonel des guides.

Mais le costume qu'elle portait le plus souvent, à l'époque dont nous parlons, était l'élégant costume andalous.

Tout Madrid se souvient encore aujourd'hui d'avoir vu passer à cheval, en compagnie d'un jeune jouvenceau, cette belle fille à la chevelure d'or, aux doux yeux bleus, au beau visage, au nez d'une pureté remarquable, au profil charmant, au cou de cygne, aux épaules d'ivoire, plus blanches que le marbre de Paros, à la taille élégante et bien prise, dessinée dans un riche et gracieux costume andalous, maniant son cheval avec dextérité et fumant la cigarette avec une aisance parfaite. Elle caracolait près de son compagnon en lui envoyant les bleus spiraux de fumée de son maryland.

C'était dans le poétique mois des fleurs, quand la nature entière renaît à l'amour et lui chante, en doux accords, en limpide harmonie, sa joie et son bonheur, que nos deux amoureux partaient chaque matin, au lever de l'aurore, sur leurs fringants destriers, pour faire de longues promenades solitaires ; ils se reposaient souvent sur les pelouses fleuries, à l'ombre des grands arbres touffus et des verts bosquets ; les fourrés mystérieux leur offraient un sûr asile pour cacher leur amour. Ecoute, ô ma belle maîtresse ! disait le galant M..., écoute les chants d'amour du tendre rossignol ; quel ruissellement de notes suaves et pures, quelle cascade, quels flots de mélodie lui inspire le dieu de Cythère. Ne sens-tu pas, ô mon adorée ! ton cœur palpiter de bonheur, tes sens frissonner de plaisir à cette invocation sublime ? Ecoute, regarde, sens, admire ! que tout est beau dans la nature ! quels tableaux ravissants ! quelle harmonie divine ! quels parfums enivrants ! quel spectacle éblouissant !... Comme le cœur se dilate, comme on sent le besoin d'aimer, comme tout nous convie au bonheur ! Le gazon si tendre, si parfumé et si fleuri ! Les roses entr'ouvertes sur leurs tiges, comme tes lèvres, appellent le baiser ; les myrtes en fleurs, comme tes charmes, invitent à l'amour. Les folâtres papillons, qui s'embrassent sur leurs fleurs, les beaux oiseaux du bocage qui frétillent d'allégresse, les tendres roucoulements des colombes plaintives, qui font l'amour dans la ramée, nous disent tous : aimez-vous aussi ! Laisse-moi, ma charmante, dérouler le flot d'or de ta chevelure ondoyante, et délacer ce corsage jaloux qui me ravit et emprisonne les trésors de ta gorge d'albâtre ; laisse-moi contempler ta jambe faite au tour, ton pied et ton mollet andaloux. O laisse-moi, ma bien-aimée ; laisse-moi t'adorer ! m'énivrer de ton haleine embaumée !

> Goûter les fruits de la beauté,
> Vivons, aimons, c'est la sagesse ;
> Hors le plaisir et la tendresse,
> Tout est mensonge et vanité !

Et l'aimante Eugénie n'avait plus rien à refuser à son amant ; elle lui prodiguait sa beauté, et goûtait avec lui le même plaisir qu'avec ses deux frères.

Telles étaient les tendres galanteries qui émaillaient le printemps de notre héroïne. Doux souvenirs ! combien ils doivent être précieux à son cœur et l'aider aujourd'hui à supporter le poids des ennuis de la grandeur et de la puissance souveraine.

Le général Narvaez succéda aux d'Orléans ; puis le marquis d'Alcanirez, l'ami intime de sa sœur, la duchesse d'Albe, lui fit aussi la cour, mais c'était, disait-on, pour le bon motif ; il devait épouser la Montijo ; malheureusement la trop confiante et sensible Eugénie eut l'imprudence de céder à son amant et de lui accorder les dernières faveurs avant de lui être unie par les liens sacrés et indissolubles du mariage, et mal lui en prit, car le trop perspicace marquis crut s'apercevoir que la belle n'avait pas précisément tout ce qui constitue la virginité ; il planta là la malheureuse toute éplorée, qui fut de nouveau plongée dans le plus profond désespoir ; elle voulut s'empoisonner une seconde fois en voyant ce nouvel époux lui échapper. Il fallut tous les soins et toute la sollicitude de sa sœur et de sa mère pour l'en empêcher.

Peu de temps après, le seigneur Olympio Aguado lui joua le même tour, et lui causa de nouveaux chagrins. Le marquis de Las Marismas, chef de la famille Aguado, à qui on parlait du prétendu mariage de son frère avec la Montijo, répondait, en haussant les épaules : « Est-ce que vous croyez mon frère assez bête ou assez fou pour épouser *cette fille?* »

Tous ces scandales conjugaux, tous ces malheurs matrimoniaux obligèrent la belle Eugénie à quitter l'Espagne, espérant qu'il lui serait plus facile de se marier à l'étranger. Elle partit pour la Belgique, accompagnée de sa vertueuse mère, et de son beau cousin, le duc d'Ossuna, et de l'infantado, comte et duc de Bénévente (*). A peine arrivée à Spa, la jeune comtesse déploya toutes ses coquetteries, mit en jeu tous ses charmes pour séduire son jeune cousin, le duc d'Ossuna, dont elle espérait bientôt devenir l'épouse, et qu'elle avait emmené avec elle dans ce but, d'accord avec sa mère, qui, comme d'habitude, y prêta la main. Elle laissa, comme toujours, aux jeunes amants la plus grande et entière liberté. Comme à Madrid, les doux ébats, les tendres épanchements,

(*) On lisait sur les registres de l'hôtel de Flandres, à Spa, rue de Vauxhall, à la date du 28 juin 1849, liste n° 7 : « Sont descendus, « 1°. Madame la comtesse Montijo, rentière à Madrid, avec la comtesse « Théba sa fille ; 2°. Son Exc. monseigneur le duc d'Ossuna et l'infantado « comte duc de Bénévente. »

les longs tête-à-tête, les grandes promenades recommencè-
rent.

Le soir, quand le soleil dorait encore le sommet des mon-
tagnes entre lesquelles l'Emblêve roule ses flots argentés, le
promeneur solitaire et rêveur pouvait remarquer dans la vallée déserte un beau cavalier ayant penchée sur son bras une
jeune beauté svelte à la taille élancée, aux blanches épaules,
à la chevelure dorée. Ce couple charmant semblait rechercher
le silence, le mystère et l'ombre. Leurs bras s'enlaçaient tendrement, leurs regards languissants se cherchaient, leurs bouches frémissantes s'effleuraient, un tendre baiser s'envolait à
chaque instant et troublait seul le silence et la solitude. On
devinait facilement en les voyant passer ainsi absorbés dans
leur bonheur, dans leur muette extase et dans leur contem-
plation profonde, qu'un doux lien, un tendre sentiment les
unissait.

Ils allaient ordinairement chaque soir faire ainsi un amoureux pèlerinage jusqu'à la cascade de Coô, dont les eaux formaient à leurs pieds une suite de petits lacs argentés, aussi
purs que des glaces de Venise, et dans lesquels se miraient
amoureusement les scintillantes étoiles du soir aussitôt que le
soleil disparaissait à l'horizon et que l'ombre envahissait la
vallée. Un banc de quartz schisteux, recouvert d'un tapis de
mousse, et abrité par un marronnier en fleur, leur offrait à
la fois, dans ce lieu solitaire, un sûr abri et un autel pour
l'amour. L'heureux duc d'Ossuna et sa douce compagne s'y
arrêtaient toujours et en profitaient chaque soir pour s'y livrer
aux enivrements du plaisir et de la volupté. Leurs deux beaux
corps n'en formaient bientôt qu'un seul, le bruit de leurs baisers et de leurs soupirs étouffés éveillait seul les échos de la
solitude, puis tout rentrait dans le silence ; deux ombres lé-
gères et furtives se détachaient bientôt du massif de verdure
qui les cachait, hâtaient leur course et se dirigeaient du côté
de la ville à la blanche clarté des étoiles. Ces deux ombres
étaient celles d'Eugénie et de son cousin, qui arrivaient bientôt à Spa. La toilette un peu chiffonnée de la belle Eugénie,
ses cheveux en désordre, ses yeux voilés et fatigués attestaient
sa faiblesse et son amour pour le beau cavalier qui lui donnait
le bras. Mais on l'excusait fasilement : l'hymen, disait-on, devait légitimer bientôt les impatiences et les larcins de l'amour.

Mais, hélas ! l'imprudente Eugénie, en oubliant encore cette
fois de suivre les conseils de sa mère qui lui avait recommandé
de ne pas faire avec son cousin comme avec Alcanirez et

Olympio, mais de refuser de céder à ses désirs, et de réserver les dernières faveurs pour le mari seulement, eut encore la douleur de se voir délaissée et abandonnée ; elle se promit alors d'être plus prudente, de ne plus céder à ses passions, de n'accorder qu'à l'époux le bonheur de sa possession. Nous verrons plus tard que cette fois elle a tenu parole, et qu'elle mit à profit les sages conseils de sa mamam expérimentée.

Après cette nouvelle déconvenue, ces dames vinrent chercher fortune à Paris, pensant qu'il serait plus facile de trouver dans cette capitale le placement avantageux des charmes de la belle Eugénie. Comme elles les mirent à un prix très élevé, ce fut le riche banquier juif R.... qui en fit l'acquisition, ce qui n'empêcha pas notre tendre Espagnole de prendre pour son amant de cœur son jeune compatriote le prince Camerata, qui devint dès lors son chevalier servant. Il y avait alors des chasses brillantes à Compiègne, toute la cour impériale y assistait. Eugénie s'y fit présenter par son entreteneur, le banquier R..., et accompagner par son doux ami Camerata. Quand, montée sur un bel andalous, elle fit son apparition au milieu de la chasse, sa taille gracieuse, fine et élancée, étroitement emprisonnée dans un justaucorps élégant, sa tête couverte d'un chapeau coquet, orné d'une plume en forme d'aigrette, ses jambes et ses cuisses dessinées dans un pantalon gris collant, qui modelait et mettait en relief leurs formes délicieuses, et laissait deviner, en les esquissant, d'autres trésors d'amour encore plus voluptuaux ; elle excita le plus vif enthousiasme des connaisseurs, qui la dévoraient du regard. Dès lors, l'œil libidineux de Louis Bonaparte, jusque-là indifférent et voilé, s'écarquilla et ne la quitta plus ; elle s'aperçut de suite de l'effet qu'elle venait de produire, et se promit bien d'en tirer un parti avantageux en redoublant de coquetterie pour séduire et fixer le cœur de son hôte impérial, qu'elle voulait subjuguer, ainsi que le lui avait recommandé son ambitieuse et astucieuse mère.

Le son du cor, les aboiements des chiens, les hennissements des chevaux annoncent bientôt l'ouverture de la chasse, chacun se précipite au galop pour lancer le cerf, l'impétueuse Eugénie sent renaître en elle ses ardeurs du cirque de Madrid, elle presse sous ses genoux frémissants les flancs de son coursier, le pique de l'éperon et part comme un trait avant que son admirateur ahuri soit revenu de son émotion ; c'est vainement qu'il cherche à la suivre ; elle disparait au détour d'une allée, côte à côte avec le beau Camerata. Plusieurs fois l'intrépide amazone, ses lèvres roses entr'ouvertes, montrant ses dents de perles, ses narines dilatées, ses yeux lançant des éclairs, ses cheveux d'or rayonnant au soleil sur ses blanches épaules, fend, comme une flèche rapide le groupe impérial et disparaît de nouveau comme un éclair. Chaque fois le monarque amoureux veut la suivre, mais en vain, la sauvage chasseresse, accompagnée de son page amoureux, disparaît de nouveau. A chaque nouvelle apparition le prince sent augmenter son amour et semble pétrifié par cette enchanteresse. Enfin, vers le soir, la cruelle Diane veut bien modérer l'ardeur de sa monture et permettre à son impérial Endymion de la joindre.

« Belle chasseresse, lui dit-il, bien malheureux sont ceux que vous percez de vos traits, car les blessures en sont mortelles ! — Sire, répondit l'amazone, j'en serai donc avare, ne voulant procurer à personne le malheur de leur atteinte. — Dites plutôt le *bonheur!* car, je le sens à mon cœur, je voudrais mourir à vos pieds. Quel dommage que tant de charmes s'unissent à tant de cruauté ! »

A ces derniers mots, l'astucieuse Eugénie disparaît de nouveau. L'émotion de l'empereur fut si grande qu'il tomba évanoui dans les bras de ses officiers. Dès lors le sort de la France fut décidé : Eugénie Kirpatrick Théba de Montijo devint impératrice.

A peine les fêtes nuptiales étaient-elles terminées que les journaux officieux annonçaient la mort du jeune prince Camerata, en l'attribuant à des pertes de Bourse ; mais la rumeur publique l'attribua à un crime : on disait tout bas que l'Othello des Tuileries avait fait assassiner son heureux rival pour assurer son repos et éteindre sa jalousie.

Une actrice infortunée, nommée Marthe, eut presque un aussi triste sort : elle avait eu le malheur d'être liée intimément avec le prince Camerata, qui lui avait confié en dépôt, pour les soustraire aux recherches de la police, plusieurs lettres d'amour de l'impératrice et plusieurs bijoux précieux ayant appartenu à cette dernière, qui les lui avait donnés dans le temps. L'indiscrète Marthe eut l'imprudence d'en parler à une de ses amies, qui la trahit. Son domicile fut envahi par des sbires qui s'emparèrent du précieux dépôt et la traînèrent en prison en attendant sa transportation à Cayenne. Elle ne résista pas longtemps aux menaces et aux mauvais traitements dont on l'accablait : l'infortunée devint folle de terreur et mourut peu de temps après. Plusieurs autres et innocentes victimes furent encore sacrifiées au repos des deux époux.

Trois mois environ après son mariage, Mme Bonaparte mettait au monde un fœtus âgé de six mois, dont on avait hâté la venue pour éviter le scandale d'un accouchement à terme après seulement six mois de mariage.

Le *Moniteur* annonçait cette nouvelle en parlant de l'attitude calme et résignée de S. M. l'empereur. Il y avait bien de quoi, en effet, car S. M. n'ignorait pas que cet embryon était le produit des amours de sa chaste moitié avec le beau Camerata pendant les chasses de Compiègne.

Mais Dieu, par l'intermédiaire de l'archevêque Sibour, n'en bénit pas moins l'union impériale; l'heureuse impératrice, grâce à la nombreuse collaboration des beaux officiers de son entourage, combla bientôt les vœux de son tendre époux en lui donnant un fils. A sa vue, le front anxieux de César s'éclaircit. Le canon des Invalides et le *Moniteur* annoncèrent à la France et au monde que : *La petite fille de l'épicier Tirpatrick, la nièce du sieur Porto Carrero, en son vivant marchand de faro à l'enseigne du* Pot-Carré, *dans l'impasse des Morts, à Bruxelles; l'ancienne camérière d'Isabelle II, qui prodiguait ses charmes aux beaux toréadors de Madrid; l'exmaîtresse des trois princes d'O...., de Narvaez, d'Olympio Aguado, du marquis d'Alcanirez, du duc d'Ossuna, du prince Camerata, du banquier R......, du... etc., etc., et de tant d'autres,* venait d'assurer les destinées de l'empire en lui donnant un héritier !

Mais ces jours fortunés ne devaient pas toujours durer. Malheureusement pour notre intéressante héroïne, la nature qui, d'un certain côté, l'a si bien douée, en même temps l'a affligée d'une maladie crépitante nommée tympanie chronique, ou hydropisie gazeuse, qui éloigna d'elle peu à peu son impérial époux. Elle porte dans son beau corps une harpe éolienne soumise à l'action capricieuse des vents, lesquels n'exhalent pas toujours l'harmonie la plus suave, ni les parfums les plus purs, la rose ou le jasmin. Et ce n'était pas trop de la senteur des magnifiques bouquets de violettes de Parme que miss Howard envoyait à son ancien amant pour neutraliser les exhalaisons méphitiques de l'impératrice.

Aussi le ciel de nos époux s'assombrit-il; Mlles de Montalan, Emma Livry et d'autres de leurs gentilles compagnes furent chargées de la mission délicate de consoler l'empereur de l'infirmité de sa moitié. Elles s'acquittèrent si bien de leur tâche, que le matin, quand elles quittaient la couche du héros de Strasbourg et de Boulogne, le demi-dieu était fourbu et complétement hébété.

Mme Bonaparte se consolait chaque soir de l'abandon de son mari dans les bras du bel écuyer Fleury, qui sert, dit-on, de trait d'union entre les deux époux (de femme à Monsieur, de mari à Madame); mais le perfide Bacciochi, eunuque pourvoyeur de S. M. l'empereur, épiait la Montijo et la surprit se glissant furtivement, dans un costume plus que négligé, pour se rendre à un galant rendez-vous. La belle aperçut l'espion et lui administra un de ces soufflets espagnols qu'elle avait appris à donner et à recevoir dans la société choisie des toréadors, qu'elle avait si longtemps fréquentée. Bacciochi se plaignit à son maître, ce qui causa un grand scandale, et l'infidèle souveraine, méprisée et méconnue de son mari, alla faire un long voyage en Ecosse pour se distraire de ses chagrins domestiques. A son retour, elle trouva sa sœur, la duchesse d'Albe, mourante; elle arriva juste à temps pour lui fermer les yeux. Depuis, elle se jeta dans la plus grande dévotion, et, comme son mari continuait à la délaisser, ayant fait venir de Turin une de ses maîtresses, la marquise de Castiglione, à qui il rendait un culte assidu, la malheureuse Eugénie menaça son volage époux de l'abandonner de nouveau et d'aller faire un pèlerinage à Jérusalem; mais l'auguste parvenu lui imposa sa volonté souveraine et la confina dans ses appartements sous la garde du Bacciochi détesté. Elle emploie ses longs loisirs à s'apitoyer sur les infortunes de l'héroïque reine de Naples ou sur les malheurs du catholicisme et de la papauté; elle pleure sur les ruines de Jérusalem et s'enfonce de plus en plus dans la bigoterie pendant que son royal époux voyage en Auvergne et va prendre les eaux de Vichy. Mais une bien douce consolation lui reste, elle a fait souche d'empereur. L'auguste descendant des Kirpatrick-Théba et du Verhuell-Bonaparte, l'héritier présomptif du trône de Charlemagne et de Napoléon, grandit chaque jour, il est l'orgueil de papa et de maman, il a déjà le grade de sergent dans la garde impériale, et son avancement rapide, dans un âge aussi tendre, est bien fait pour consoler sa mère, dont le ciel bénira, nous en sommes certain, les vertus chrétiennes.

Telle est, en résumé (car nous passons des traits nombreux et des meilleurs), la vie de cette femme que la France a aujourd'hui l'honneur d'avoir pour souveraine.